GESANG • KLAVIER • GITARRE

DAS GROSSE

Disney

SONGBUCH

Wonderland Music Company, Inc. and Walt Disney Music Company

Distributed by Music Sales
www.musicsales.com

DAS GROSSE Disney SONGBUCH

EIN TRAUM WIRD WAHR

Walt Disney's *Aladdin*

Musik: ALAN MENKEN
Text: TIM RICE

SCHNELL WEG!

Walt Disney's *Aladdin*

Musik: ALAN MENKEN
Text: TIM RICE

e - ben stehl'n, und ich sag' euch "Wie-der-sehen, ich komm' zu spät!"

Schnell weg! Sie sind nicht so lang - sam. Mach' schon! Sie

krie-gen mich klein. _ Mir ist es lie - ber, a - no-nym zu sein. _

Schnell weg! Die

NUR 'N KLEINER FREUNDSCHAFTSDIENST

Walt Disney's Aladdin

Musik: ALAN MENKEN
Text: TIM RICE

du seh'n: reibst du die Lam - pe, dann bin ich so - fort vor Ort!

Mein Mei - ster A - lad - din! __ Drei Wün - sche gönn' ich dir! _

__ Gleich wirst du reich! _ Nun werd' nicht weich. Ist nur'n

klei-ner Freund-schafts-dienst, klei-ner Freund-schafts-dienst, nur 'n klei-ner Freund-schafts-dienst, klei-ner

IN DEINER WELT

Walt Disney's *Arielle die Meerjungfrau*

Text: HOWARD ASHMAN
Musik: ALAN MENKEN
Deutscher Text: FRANK LENART

Sehnsüchtig

NUR EIN KUSS

Walt Disney's *Arielle die Meerjungfrau*

Text: HOWARD ASHMAN
Musik: ALAN MENKEN
Deutscher Text: FRANK LENART

UNTEN IM MEER

Walt Disney's *Arielle die Meerjungfrau*

Text: HOWARD ASHMAN
Musik: ALAN MENKEN
Deutscher Text: FRANK LENART

ICH WÄRE GERN WIE DU

Walt Disney's *Das Dschungelbuch*

Text und Musik: RICHARD M. SHERMAN
und ROBERT B. SHERMAN
Deutscher Text: HEINRICH REITHMÜLLER

Ziemlich schnell (im Dschungelrhythmus)

Ich bin der Kö - nig im Af - fen - stall, der größ - te Klet - ter -
möchte es a - ber wis - sen, es war so ab - ge -

max, spring' oh - ne Hast von Ast zu Ast, das
macht. Sei nicht ge - mein, vom Feu - er - schein träum'

ist für Sport - ler ein Klacks! Ich wür - de lie - ber auch Mensch sein und
ich die gan - ze Nacht. Nun sag' mir schon das Ge - heim - nis, komm' schon, und

PROBIER'S MAL MIT GEMÜTLICHKEIT

Walt Disney's *Das Dschungelbuch*

Text und Musik: TERRY GILKYSON
Deutscher Text: HEINRICH RIETHMÜLLER

46

TRAUTES HEIM

Walt Disney's *Das Dschungelbuch*

Text und Musik: RICHARD M. SHERMAN
und ROBERT B. SHERMAN
Deutscher Text: HEINRICH RIETHMÜLLER

Trau - tes Heim, Glück al - lein,
es ist schön _____ zu Haus zu sein. _____
Va - ter ist im Wal - de ja - gen, Mut - ter kocht für uns da -
werd' ich ei - nen Lieb - sten ha - ben und ein lie - bes Töch - ter -

KATZEN BRAUCHEN FURCHTBAR VIEL MUSIK

Walt Disney's *The Aristocats*

Text: FLOYD HUDDLESTON
Musik: AL RINKER
Deutscher Text: HEINRICH RIETHMÜLLER

Katz - en brau - chen furcht - bar viel Mu - sik, Mu - sik und ein ganz klei - nes Stück vom

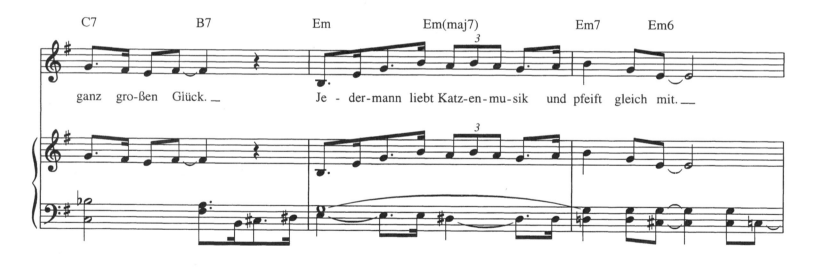

ganz gro - ßen Glück. _ Je - der - mann liebt Katz - en - mu - sik und pfeift gleich mit. _

Die and - 're Mu - sik ist nur Ver - schmitt! Ein fal - scher Ak - kord _ und du gehst ü - ber Bord. _ So -

was klingt ge-mein! Ist Mu - sik a - to - nal, __ wird sie uns bald zur Qual, __ das

kann grau-sam sein Am bes - ten ist, man hört da gar nicht hin. Man hat als
Katz - en brau-chen furcht-bar viel Mu - sik, Mu - sik und

Katz - en - mu - si - kant, nur richt - i - gen swing! __ Selbst fei - ne Leu - te woll'n sich mal vom
ein ganz Klei - nes Stück vom ganz gros-sen Glück, __ und liebst du Jazz, dann bist du bei uns

Zwang be - frei'n, __ und wür - den lie - bend gern mal Katz-chen sein. __ Ein
gern ge - seh'n, __ denn auch im Jazz sind Katz - en Kor - y - phä'n. __

BIBBIDI BABBIDI BU

Walt Disney's *Aschenputtel*

Text: JERRY LIVINGSTON
Musik: MACK DAVID und AL HOFFMAN
Deutscher Text: CHRISTINE LEMBACH

ICH HAB' IHN IM TRAUM GESEHN

Walt Disney's *Aschenputtel*

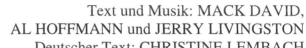

Text und Musik: MACK DAVID,
AL HOFFMANN und JERRY LIVINGSTON
Deutscher Text: CHRISTINE LEMBACH

Ruhig, ausdrucksvoll

Ich hab' ihn im Traum ge-se-hen, und das Glück war nah. Im Traum durft' ich zu ihm ge-hen, doch nun ist die Wirk-lich-keit

KLEINER REGEN IM APRIL

Walt Disney's *Bambi*

Text: LARRY MOREY
Musik: FRANK CHURCHILL
Deutscher Text: HEINRICH RIETHMÜLLER

GOTT, DEINE KINDER

Walt Disney's *Der Glöckner von Notre Dame*

Musik: ALAN MENKEN
Text: STEPHEN SCHWARTZ
Deutscher Text: FRANK LENART

Langsam

DER EWIGE KREIS

Walt Disney's *Der König der Löwen*

Musik: ELTON JOHN
Text: TIM RICE
Deutscher Text: FRANK LENART

HAKUNA MATATA

Walt Disney's *Der König der Löwen*

Text: TIM RICE
Musik: ELTON JOHN
Deutscher Text: FRANK LENART

KANN ES WIRKLICH LIEBE SEIN

Walt Disney's *Der König der Löwen*

Text: TIM RICE
Musik: ELTON JOHN
Deutscher Text: FRANK LENART

Die Har-mo - nie voll tie - fer ___ Fried-lich-keit mit

al - lem, was wir sind. ___

Kann es wirk - lich Lie - be sein? ___

Spürst du sie ü - ber - all? ___

DIE SCHÖNE UND DAS BIEST

Walt Disney's *Die Schöne und das Biest*

Text: HOWARD ASHMAN
Musik: ALAN MENKEN
Deutscher Text: LUTZ RIEDEL

Lyrisch

Mär-chen schriebt die Zeit, im-mer wie der

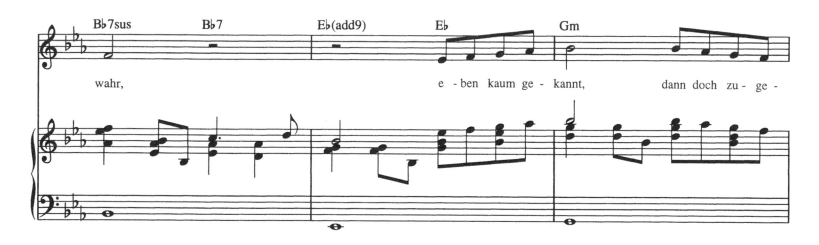

wahr, e -ben kaum ge - kannt, dann doch zu - ge -

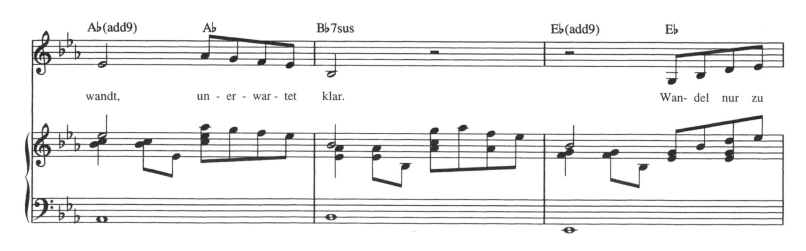

wandt, un - er - war - tet klar. Wan- del nur zu

SEI HIER GAST

Walt Disney's *Die Schöne und das Biest*

Musik: ALAN MENKEN
Text: STEPHEN SCHWARTZ
Deutscher Text: FRANK LENART

BELLES LIED

Walt Disney's *Die Schöne und das Biest*

Text: HOWARD ASHMAN
Musik: ALAN MENKEN
Deutscher Text: LUTZ RIEDEL

HELL WIE DER LICHTSCHEIN

Walt Disney's *Elliot, das Schmunzelmonster*

Text und Musik: AL KASHA
und JOEL HIRSCHHORN
Deutscher Text: HEINRICH RIETHMÜLLER

DIESE WELT IST KLEIN

Disneyland

Text und Musik: RICHARD M. SHERMAN
und ROBERT B. SHERMAN
Deutscher Text: HEINRICH RIETHMÜLLER

Marsch-Rhythmus

Es gibt nur ein - nen Mond, ei - nen Son - ne
lachst und ne ben dir ein and' - rer

scheint, und mit ei - nem Lä - cheln ist nur Freund - schaft ge - meint. Tren - nen
weint, steh' ihm bei, es gibt so - viel, das uns ver - eint. Da - rum

Ber - ge und Mee - re und Gren - zen quer - feld - ein, die - se
möch - ten wir Freun - de fürs gan - ze Le - ben sein, die - se

TRAUM-WALZER

Walt Disney's *Dornröschen*

Text und Musik: SAMMY FAIN
und JACK LAWRENCE
aus Tchaïkovsky

Träumend

Ich kenn' dich, ich war bei dir einst ein-

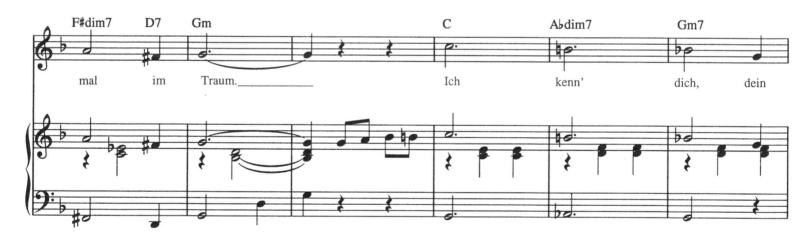

mal im Traum._____ Ich kenn' dich, dein

strah-len-der Blick langt tief ins Herz mir hin-ein. Doch ich

93

ICH WERD'S NOCH BEWEISEN

Walt Disney's *Hercules*

Text: DAVID ZIPPEL
Musik: ALAN MENKEN
Deutscher Text: FRANK LENHART

EIN LÖFFELCHEN VOLL ZUCKER

Walt Disney's *Mary Poppins*

Text und Musik: RICHARD M. SHERMAN
und ROBERT B. SHERMAN
Deutscher Text: EBERHARD CRONSHAGEN

In je - der Ar - beit, merkt euch das, steckt auch ein klein - es biss - chen Spass: Ver - sucht
Vör - gel - chen sein Nest, ganz früh es sein - en Baum ver - lässt, sucht
Bie - ne ih - ren Nek - tar von der Blu - me zu dem Korb, und

steh' den Spass und schnapp, die Ar - beit klappt.___ Denn was man vol - ler Freu - de
un - er - müd - lich Fe - der, Halm und Zweig.___ Doch wird die Ar - beit ihm zur
sum - mend fleigt sie em - sig hin und her.___ Ein Tröpf - chen sie für sich be -

tut schmekt uns wie Ku - chen gut, ein Scherz, ein Spiel, da -
Lust, dann singt es hoch, selbst - bewusst. Es weiß ein Lied, das
gehrt von je - der Blü - te die sie leert, so schafft (so schafft) sie viel (sie viel) Es

SUPERCALIFRAGILISTICHEXPIALIGETISCH

Walt Disney's *Mary Poppins*

Text und Musik: RICHARD M. SHERMAN
und ROBERT B. SHERMAN
Deutscher Text: EBERHARD CRONSHAGEN

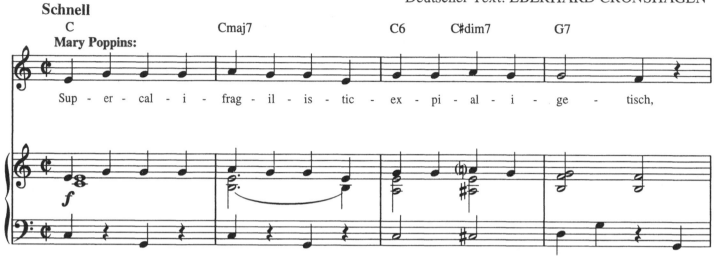

Mary Poppins:
Sup - er - cal - i - frag - il - is - tic - ex - pi - al - i - ge - tisch,

die - ses Wort kling durch und durch furcht - bar, weil syn - the - tisch.

Wer es laut ge - nug auf - sagt, scheint klug und fast pro - phe - tisch,

EHRE FÜR DAS HAUS

Walt Disney's *Mulan*

Musik: MATTHEW WILDER
Text: DAVID ZIPPEL
Deutscher Text: HELMUT FREY
und LESLIE MANDOKI

Schnell

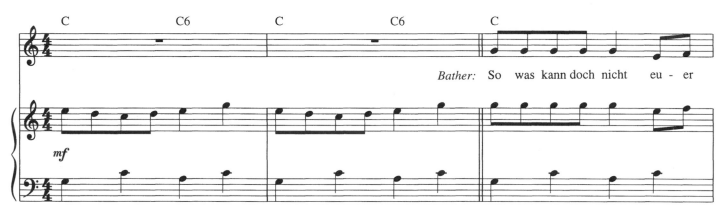

Bather: So was kann doch nicht eu - er

Ernst sein, na bit - te, wie ihr wollt!

Ich krieg' das schon in Ord - nung, und Stroh wind zu

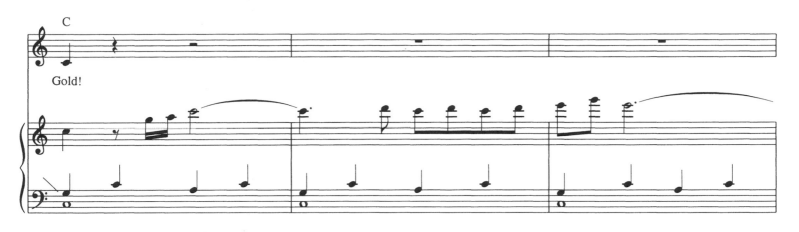

Gold!

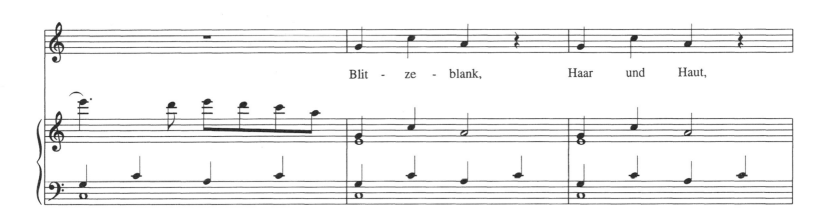

Blit - ze - blank, Haar und Haut,

weil ein Mäd - chen auf sein Äuß - res schaut, Aus dir zau - bern wir die

schön - ste Braut: Du bringst Eh - re für das Haus!

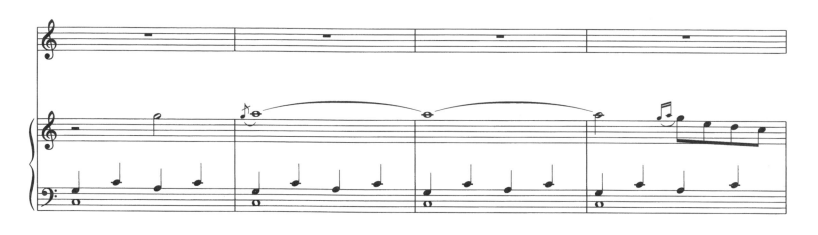

Hairdresser 1: Wart's nur ab, ga - ran - tiert,

Hairdresser 2:
dei - net - we - gen wirt noch du - el - liert.   *Hairdresser 1:* Wenn du   *Hairdresser 2:* Glück hast und ge-

nial fri - siert,   *Hairdressers 1. 2 & Fa Li:* bringst du Eh - re für das Haus!

Frau die Söh - ne kriegt! Wir sind gut, du wirst seh'n: Gleich kann dir kein Mann mehr wi - der - steh'n! Wie die Lo - tus - blü - te, blaß und schön, bringst du Eh - re für das Haus!

WER BICH ICH?

Walt Disney's *Mulan*

Musik: MATTHEW WILDER
Text: DAVID ZIPPEL
Deutscher Text: HELMUT FREY & LESLIE MANDOKI

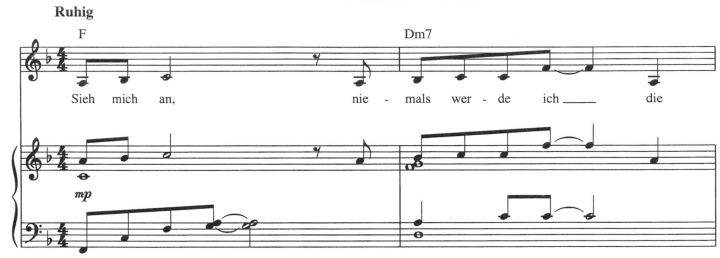

Sieh mich an, nie- mals wer- de ich ____ die

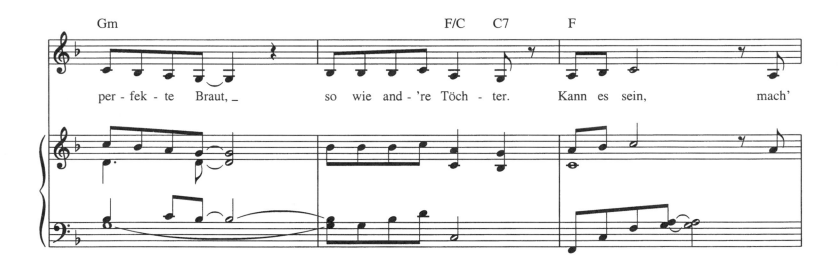

per- fek- te Braut, _ so wie and- 're Töch- ter. Kann es sein, mach'

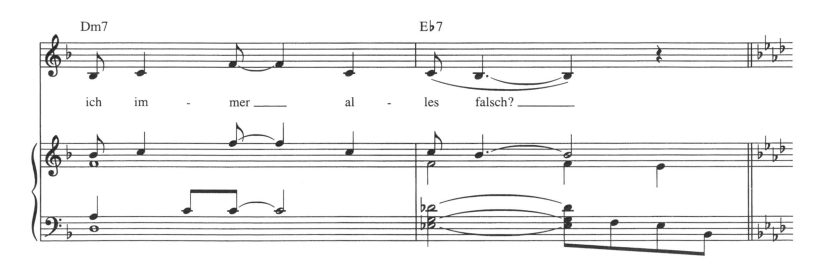

ich im- mer ____ al - les falsch? ____

DER KLEINE STERN NASEWEIS

Walt Disney's *Peter Pan*

Text: SAMMY CAHN
Musik: SAMMY FAIN
Deutscher Text: CHRISTINE LEMBACH

Ruhig, ausdrucksvoll

Der klei - ne Stern Na - se -weis kommt in der Nacht ganz leis'

und schüt- telt von dem Wun - der-baum Euch den schön- sten Traum. Der klei - ne

Stern Na - se -weis nimmt Euch mit auf die Reis', denn er ist, schwupp-die-

FLIEG' INS GLÜCK

Walt Disney's *Peter Pan*

Text und Musik: RICHARD M. SHERMAN
und ROBERT B. SHERMAN
Deutscher Text: CHRISTINE LEMBACH

Schreit Was-ti: "Lass mich auch, mein Herr, zu dem fer-nen Him-mels-
meer! Denn das Nim-mer-land war-tet auf mich. Dort wer-den al-le Träu-me
wahr, und was dun-kel war, wird ster-nen- klar."_____

Wie ist man froh und ver-gnügt, wenn man in der Luft sich wiegt,

BELLA NOTTE

Walt Disney's *Susi und Strolch*

Text und Musik: PEGGY LEE
und SONNY BURKE
Deutscher Text: HEINRICH RIETHMÜLLER

DIR GEHÖRT MEIN HERZ

Walt Disney's *Tarzan*

Text und Musik:
PHIL COLLINS
Deutscher Text: FRANK LENART

124

ZWEI WELTEN
Walt Disney's *Tarzan*

Text und Musik:
PHIL COLLINS
Deutscher Text: FRANK LENART

Hör' die Wör-ter, die dein Schick-sal _ prä _ gen:
San-fte Spu-ren, die im Sand ver-weh-en:

Zwei Wel-ten, ei-ne Fa-mi-li-e _ Glaub' an dich, _ ver-

trau' da-rauf, _ das Le-ben _ zeigt _ dir wie _

Ein un-be-rühr-tes _ Pa-ra-dies, in ei-ner _ samt grü-
Im Schutz der Bäu-me _ ist _ das Glück, Fa-mi-lie _ und Ge-bor-

DU HAST 'N FREUND IN MIR
Walt Disney's *Toy Story*

Musik und Text: RANDY NEWMAN
Deutscher Text: KLAUS LAGE

EIN WUNDER DER SCHÖPFUNG IST TIGGER

Walt Disney's *Winnie, der Puuh*

Text und Musik: RICHARD M. SHERMAN
und ROBERT B. SHERMAN
Deutscher Text: ANDREAS HOMMELSHEIM

1., 3. Die su-pers-te Sa-che an Tig-gern ist, dass sie die Su-pers-ten
2. su-pers-te Sa-che an Tig-gern: Sie sind gran-di-os und fa-

sind.
mos!

Von vorn e-las-tisch wie Gum-mi, von
Sie strot-zen vor stolz und vor Stär-ke und

hin-ten wie'n Flum-mi im Wind. Sie sin-gen, sprin-gen, rin-gen, schwin-gen und
hüp-fen dir gern in den Schoß. Sie ge-hen in die Vol-len, wol-len

MITTEN IM HUNDERT-MORGEN-WALD

Walt Disney's *Winnie, der Puuh*

Text und Musik: RICHARD M. SHERMAN
und ROBERT B. SHERMAN
Deutscher Text: EBERHARD CRONSHAGEN

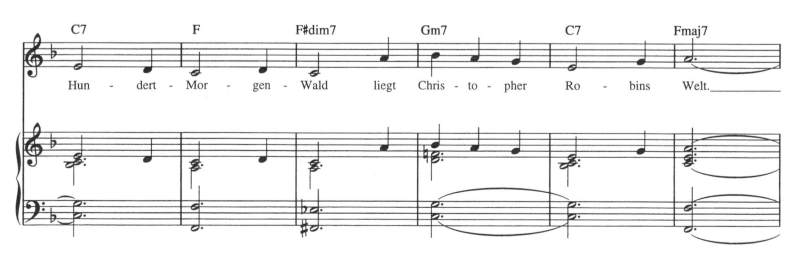

DAS FARBENSPIEL DES WINDS

Walt Disney's *Pocahontas*

Text: STEPHEN SCHWARTZ
Musik: ALAN MENKEN
Deutscher text: LUTZ RIEDEL